Poemas a
la Pasión 7

Poemas a la Pasión 7

Y SUS 40 CANCIONES

Teresita Peláez Venessi

Para realizar pedidos de este libro, contacte con:
Palibrio
1663 Liberty Drive
Suite 200
Bloomington, IN 47403
Gratis desde EE. UU. al 877.407.5847
Gratis desde México al 01.800.288.2243
Gratis desde España al 900.866.949
Desde otro país al +1.812.671.9757
Fax: 01.812.355.1576
ventas@palibrio.com
736227

Índice

Niégame Mil Veces

Niégame- Sedúceme

Aunque trates de negarlo, yo en tu mente, sigo estando
Y aunque busques olvidarlo, tu cuerpo y
el mío unidos, permanecerán
Y sé que vas a intentar, borrarme una vez más
pero tú a mí siempre, me llevaras en ti
Niégame, mil veces niégame, sedúceme
Mi cuerpo, pide tu piel
Niégame, mil s niégame, has que esta vez
Tu locura encienda mi ser

Tu, la Reina de mis sueños, quien me tubo entre sus dedos
Tu, quien recorrió mi cuerpo, besándonos con la sensación de amar
Y sé que vas a intentar, borrarme una vez más
Pero tú, a mí siempre me llevaras en ti

Niégame, mil veces niégame, sedúceme
Mi cuerpo, pide tu piel
Niégame, mil veces niégame, has que esta vez
Tu locura encienda mi ser

Niégame, mil veces niégame, sedúceme
Mi cuerpo, pide tu piel
Niégame, mil veces niégame, has que esta vez
Tu locura encienda mi ser

Mi Nuevo Vicio de pasión

Porque vivimos…Jugando a los dados
Sabiendo que todo está cargado a tu lado

Porque vivimos jugando las cartas
Sabiendo que tienes un haz bajo la manga

Porque Vivimos Bailando este Tango
Si me caigo del piso sin poder acabarlo
Eres mi Nuevo Vició
Trato de pensar que… que no pierdo nada intentarlo
Darle vuelta a todo y dejarlo ir otra vez
No sé qué me pasa…que me estoy engañando
Las ganas me consumen y me empieza doler…

No me digo mentiras…esto no es cuestión de suerte
Tu contare las cartas…Tu Leerás las mías…la cama esta fría
Entiende que solo quiero una noche perdida
Mañana te dejo otra vez…
Porque seguimos jugando los dados
Sabiendo que esto está cargado siempre a tu lado
Porque sigo viviendo jugando a ganar….
Porque vivo balando este tango…si siempre me pasa lo mismo
Sin poder acabarlo….Siempre Siempre Termina siendo
Un Nuevo Vició.

Pierdo el Control
Me elevas al cielo, me haces sentir, que toco las nubes
Que solo para ti, enciendes el fuego dentro
de mí, crece el sentimiento
No me dejes ir, que estallo de deseo que estoy loca de
amor que me duermo en tu mirada y pierdo el control
Quiero gritar que no hay nadie más que me llene de pasión, hohuho
Que me haga sentir que puedo vivir, envuelto
en un beso por toda la eternidad
Tomas mi mano y me haces sentir que todo es posible si
estoy junto a ti, cuerpo con cuerpo nace de mí, cada caricia
es para ti, que estallo de deseo que estoy loco de amor
Que me duermo en tu mirada y pierdo el control
Quiero gritar que no hay nadie más que me llene de pasión, hohuho
Que me haga sentir que puedo vivir, envuelto
en un beso por toda la eternidad
Que me duermo en tu mirada y pierdo el control
Quiero gritar que no hay nadie más que me llene de pasión, hohuho
Que me haga sentir que puedo vivir, envuelto
en un beso por toda la eternidad
Toda la eternidad, no hay nadie mas
hahaha, quiero gritar hahahahaha
Toda la eternidad…

Mi Universo

Nunca imagine, como el dolor se pudiera sentir tan dentro
Te entregue todo de mi, cada caricia cada beso,
Se bien que hice mal, pero no pude evitarlo, mi mente
Se envolvió y ahora caro estoy pagando Hoho

Fuiste mi mundo el centro de mi universo y hoy eres nada,
En tus ojos buscaba el balance perfecto y seguir viviendo.,
Narananaranananananana huhohuohoooo huhohooo
El coraje y la duda sentimientos encontrados,
Invadieron cada parte de mi alma
Los momentos que vivimos han quedado en el pasado,
Quiero olvidarte y comenzar una vez más,

Fuiste mi mundo el centro de mi universo y hoy eres nada,
En tus ojos buscaba el balance perfecto y seguir viviendo.,
Y no es de razonar de ti dependerá, borrar
punto y final por mi sería lo ideal,
No hay nadie a quien culpar, si quieres regresar, yo te voy a esperar,
Cuanto tiempo pasara haaaaaaahaaahaa

Mi Delirio

Sentí un destello de luz que ilumino, no ser, tan pronto este amor
Se convirtió en mi prioridad, en la agonía
de ti, de sentirte y descubrir,
Que con tu mirada vuelvo a soñar, tú siempre estás en mi vida,
Llenándola de alegría y gritar con ganas de llenarte de pasión
Y que el amor se encienda entre tú y yo, nada mas besarte
Y entregarte lo que soy, y así voy descubriendo
que mi delirio es amor hooohooor
Coro
Caminando con pasión desbordada de querer
de tenerte y recorrer tu cuerpo sin cesar
Mi delirio es tu voz tu cuerpo mi calor mi ser te pide mas
Para entregarte el Corazón, tú siempre estás
en mi vida llenándola de alegría,
Y gritar con ganas de llenarte de pasión y que el amor se encienda
Entre tú y yo nada más besarte y entregarte lo que soy
Y así voy descubriendo que mi delirio es amor
hooooooooo hoooooooooor hooooo

Mi Héroe Azul

Cuando te vi, pude sentir
cosas que nunca imagine de mí
Es magia lo sé
me envuelve otra vez

Me tienes, me desase
me hace enloquecer
déjame ser para ti
quien te haga sentir
sin dudar ha har aaar

Solo te vi amor huor
y el corazón me dijo
que eras tú, mi héroe azul
mi cuento tu,
que tanto yo, que tanto
que tanto yo espere

Te vi sonreír y me sonroje
pues sabias que eras tú
al que tanto yo espere
solo te vi y me deje llevar

Sin dudar te alcanzaré
como en junio esperare
déjame ser para ti
quien te haga sentir sin dudaarhah

Solo te vi amor uhorr
y el corazón me dijo
que eras tú, mi héroe tú
mi cuento tu,
qué tanto yo, qué tanto yoohoo

Solo te vi, me deje llevar
y el corazón me dijo que eras
tu mi héroe azul, mi cuento
tú que tanto yo que tanto yo hoooo
que tanto yo espere

Amor de nadie soy

Arrancándote de mi alma a ti mi amor, solo me
quede con tristeza, que invade mi ser
Prefiero, mantenerme en este orgullo, pero no sufrir así,
aunque muera por dentro, no podre volver a ti,
Y mis recuerdos están siempre, en tu mente
y en tu felicidad nunca escaparan
Solo vivirán, en nuestros corazones por la eternidad,
solo vivirán en nuestros corazones por la eternidad
Mi Corazón se despidió, de ese grande amor
que por ti un día sintió huooooooo
Y mis recuerdos estarán siempre en tu mente
y en tu felicidad nunca escaparan,
Solo vivirán annn hohuhoooooo
Espejismo de placer y de pasión, que te roba
el Corazón, y mis recuerdos estarán,
Siempre en tu mente y en tu felicidad nunca
escaparan, solo vivirán, en nuestros
Corazones por la eternidad, solo vivirán en
nuestros corazones, por la eternidad, amor
De nadie soy hohoooooooo, amor de nadie.

Escapar

Quiero Empezar de Nuevo
dejar el pasado atrás
mejor perseguir…mis sueños
sin intentar Recordar

Quiero volar quiero sentir
que te olvide y que soy libre
no quiero llorar un día más por ti
quiero escapar lejos de aquí

Mi alma entera aun piensa en ti
ese fuego que arde en mí
me ha marcado el interior
con el sello de tu amor

No te puedo olvidar… y escucho aun tú
dulce voz…esto fue amor de verdad
y lo dejamos escapar haaaaaa…escapar hahahah

Quiero escapar lejos de aquí
a un país lejano… muy lejos de ti
A un mundo nuevo…
donde no estés tú
a otro universo …para arrancarte de mi
Solo quiero volver a ser feliz iiiiiiii… hahahahaha, hahaa

Deseo

Tú eres mi encuentro soñado, ahora tengo los motivos, para
embriagarme en tu aroma y sentir que estamos vivos
Sientes todos mis deseos y nuestro cuerpo en desenfreno,
tú la amazona entregada, colmándome de tu ser
Naciendo la dicha de tenerte sin pudor sin vergüenza,
estando presos de nuestro aliento y respiración
Mi deleite tu deleite, mi locura ho tu dicha nuestra
dicha desbordada, en cada espacio y en cada
silencio renace el deseo renace el deseo hoo
Sientes todos mis deseos y nuestro cuerpo en desenfreno,
tú la amazona entregada, colmándome de tu ser
Naciendo la dicha de tenerte sin pudor sin vergüenza,
estando presos de nuestro aliento y respiración
Mi deleite tu deleite, mi locura ho tu dicha nuestra
dicha desbordada, en cada espacio y en cada
silencio renace el deseo renace el deseo hoo
Mi deleite tu deleite, mi locura ho tu dicha nuestra dicha
desbordada, en cada espacio y en cada silencio renace
el deseo renace el deseo hoo, renace el deseo, renace el
deseo, renace el deseo renace el deseo hoo hoo

Antídoto Perfecto

Eres solo tú…
antídoto perfecto, para seguir
viviendo solo para ti TE AMO.

Me arranco una parte de mí,
mi alma y te la entrego
como quien entrega un tesoro.

Porque mi amor por ti,
no tiene precio, ni limites
esta desesperación de escucharte
de verte, de abrasarte, de acariciarte

Vive en mi ser y solo tu
te has encargado de hacer,
esa maravilla realidad.

Crece y crece día a día
y no deseo ni quiero,
dejar de sentir este placer

Mi Deseo

Solo te Pido un Deseo
Nunca me dejes Amor
Me haces tanta Falta
Que las noches Duelen.

Mi cuerpo te Pide
Mi mente te Llama
Mi alma es Tuya
Mi corazón Te Ama
Y tú no lo Llamas

Deseo estar
Ahora a tu lado
Mis ser, mi vida
entera están en tus manos

Soy solo tuya
y tú lo sabes, solo deja que te Ame.

Corresponde a este llamado
solo con un mensaje
El decirme!!!! Te Amo

Junto a Mí

Quiero decirte, mil cosas al oído, quiero
decirte hoy lo que siento por ti,
te veo a los ojos y no resisto, tener tus labios
frente a mí, mi mayor tentación
Coro
Me elevas hasta el cielo me haces suspirar, tu
eres lo que deseo te amor de verdad
Mis días y mis noches, son solo para ti, yo soy tan
diferente, desde de que estas junto a mi
Despierto en las mañanas buscando tus sonrisa, buscando tu
mirada con la que me hipnotizas, si el tiempo nos separa, o tal
vez el destino, te llevare por dentro, siempre estarás con migo
Coro
Me elevas hasta el cielo me haces suspirar, tu
eres lo que deseo te amor de verdad
Mis días y mis noches, son solo para ti, yo soy
tan diferente, desde que estas junto a mí
Intro
Dijiste que eras la mejor del mundo y desde que te vi me
has gustado mucho, tu sonrisa tu mirada y tu forma de
pensar, me hacen volar hacia otro mundo, donde existe el
amor y no existe algún rencor no, no existe algún rencor
Porque te quiero y eres lo mejor que me ha pasado y mi niña
quiero estar siempre a tu lado, siento que sin ti las horas ya
no pasan y el tiempo se detiene cuando no me abrazas
Coro
Me elevas hasta el cielo me haces suspirar, tu
eres lo que deseo te amor de verdad
Mis días y mis noches, son solo para ti, yo soy
tan diferente, desde que estas junto a mí
Coro
Me elevas hasta el cielo me haces suspirar, tu
eres lo que deseo te amor de verdad
Coro- Sin Música
Mis días y mis noches, son solo para ti, yo soy
tan diferente, desde que estas junto

Fortaleza de Añorarte

Me da la fortaleza de añorarte,
de besarte de acariciarte de sentirte
y a mi lado cerca de mí, pensando en tu sonrisa
hhahammm, que me llena

De alegría invade mi Corazón,
llenando de dulces pensamientos hacia ti,
amor, huuuuuu huuuuhoooooommm
me deleitas de esos momentos, tan apasionados
y hermosos, llenos de tu ser ese, ser especial, para mi

No queriendo perdiente, ni que te ausentes, de mis pensamientos,
porque eres lo único, que me llena de amor,
que me llena de alegría invade mi Corazón
llenándonoslo de dulces pensamientos hacia ti
y me llena de alegría invade mi Corazón
llenándolo de dulces pensamientos, hacia ti huuuuu hacia tiiiiiii

A tu Lado

Cierro mis ojos y me entrego a tu cielo,
en el que tu vuelas con migo,
rozando tu cara al sol, rozando tus labios amor, respiro a diario
tu aliento, que me hace delirar, tu voz, en cualquier tiempo
cualquier espacio, cierro mis ojos y me tiene a tu lado
Coro
Tu morada soy yo, lo repito a los cuatro vientos, que
tengo un amor tan lleno de motivos que me hacen
sentir que puedo vivir, con solo una caricia de ti
Sé que sabes que siento, que contigo puedo siempre
estar, en cualquier tiempo cualquier espacio
sierro mis ojos, y me tienes a tu lado
Tu morada soy yo, lo repito a los cuatro vientos que
tengo una amor y tan llenos de motivos que me hacen
sentir, que puedo vivir con solo una caricia
Coro
Tu morada soy yo lo repito a los cuatro vientos que
tengo una amor, que me hace recordarte
Tu morada soy, yo lo repito a los cuatro vientos que tengo
una amor, tan llenos de motivo que me hacen sentir que
puedo vivir, con solo una caricia de ti,….. de tiiiii

Ven Quiero Sentirte

No Olvido esos Momentos… Cuando Tu Me Buscas
y me dices… esas palabras que yo te creo…solo al verte
mueves Mi… Universo…Siento que no estoy sola… en
este Laberinto sin Fin…en donde me Pierdo cada Noche…
en Ti…

Me Haces Tanta falta…Me Gustan… Tus Mentiras
que al verte… se convierten en Reflejos de un Chiquillo
Travieso…Te AMO… y solo Deseo…que estés aquí…
a mi lado Adorándome…

Donde estas hoy… Quiero Volver a Ti… y sé que solo
eres para Mí… Tienes ese Toque de Ternura de Ti…<4

Te Necesito

Este dolor que siento, al no tenerte, me hace
sentir que me hace falta, tu amor,
Solo, quiero que estés junto a mí, esta soledad, me agobia
necesito tu calor, esa sonrisa, que me hace
sentir, que no estoy solo, como hoy
me atrapa esta desdicha este sentimiento, que confuso es el amor
Coro
Necesito tu calor tu sonrisa, que me hacía
sentir que yo no estaba solo, como hoy
Me atrapa la desdicha, mis sentimientos se confunden,
Siii, yo solo deseo que estés a mi lado, acariciando mi piel
Quisiera que tu amor estuviera muy cerca
Coro
Solo sé que te necesito, que solo pienso en ti, solo te
quiero a ti, mi cuerpo te ansia, y mi alma ya no puede
más sin ti, el anhelo de tenerte consume mi existencia

Te buscare te diré, que me haces tantaaaa faltaaaa
Ahora mis amigos no están aquí, me decían hay mas para ti
Pero este Corazón, no puede solo, Porque, vive, late y piensa en ti
Lo único que gane es alejarte de mí, nunca debí pensar así
Coro
Solo sé que te necesito, que solo pienso en ti, solo te
quiero a ti, mi cuerpo te ansia, y mi alma ya no puede
más sin ti, el anhelo de tenerte consume mi existencia

Diosa Dorada

De la tierra del mariachi,
Del chaparro y el bolero,
Con la piel blanca y sedosa
Y de oro su cabello.
Brillan sus pícaros ojos
Como dos verdes luceros
Y sus curvas sinuosas
Que despiertan los deseos.
Despliega dulce talento
Cuando expresa su sentir
En versos que son caricias
Para el alma en su latir.
Sueño con rozar su pelo
De hilos de oro al sol
Sueño con besar sus labios
Y la miel de su sabor.
Estrella del pensamiento,
Dolor de su lejanía
Nunca sentiré su aliento
Muy cerca del alma mía.
Ojalá el viento traiga
El duce eco de su voz
Envuelto en suave brisa
De un poco de su calor.

Autor: Antonio Peña Poeta Español y Amigo…
Me ha Dedicado este tema… tan profundo.

Me Detendré

¿Porque? … Puede uno entregar su Ilusión a una Persona…
que solo quiere Tu…Exterior…Jamás se detiene a Saber?…
¿Qué sientes?… ¿qué Piensas?… ¿Cómo Pasas Tus Días?…
cómo puede uno tan… siquiera considerar…
Entregarse… ¿sin saber Quien eres?…
Sé que es mucha la Atracción…
de los dos…pero no sucumbiré ante Tu…Cuerpo…solo
por sentir… Yo…!!! Busco un gran cambio… Una…
Equidad una Dualidad…Lo Mismo con Lo Mismo
no permitiré que entren a mi Vida?…y saquen lo…
Mejor de Mi… cada vez que se les antoja…
ni amistad ni AMOR…
Prefiero Mantenerme Intacta…ante ese Sentimiento
de Dolor…de sentirte usada…ultrajada…utilizada…
solo por las falsas Amistades y las Bajas Pasiones
de los Hombres…
Entras a mi Vida… y te gusta estar con migo… y se te
olvidas cuando te vas… Solo Quieres regresar…solo
cuando Tú… lo decides… No… eso no es AMOR…
solo DESEO…
El AMOR…no miente…el AMOR… se entrega…
se siente se goza…y Jamás se quiere separar de Ti…
mucho menos alejarse…
Tú…!!! Huyes a través de mí…como el Rio… de la Pradera
Si alguna vez fuiste falso…Ya no debe repetirse…
Saque la Espina…Soy como un Árbol… se cortan las ramas
de abajo y crecen hacia arriba… Solo esperare…a que llegue
lo que me merezco por designios del Universo.
Ansiedad ¿Qué es?
Es el Anhelo de Crear. Siempre canalizo
Mi Ansiedad… Para Ti. Solo Yo.
Vive… ¿Cómo PIENSAS?
Honró Mi Hambre de Ser FELIZ…..

Reina del Cielo

Volabas tan alto, codeándote, con los Ángeles
siendo la reina del cielo, la más deseada, venerada
sangrabas corazones, siendo espejismo de
placeres, solo al verte se ilusionaban
encendiendo las pasiones, la diosa de los hombres, que
al verte te adoraban, pero noooooo, te valoraban
Coro
Nunca pensaste, que un simple plebeyo, que un
pobre don nadie, entrara tan dentro y no le latiera el
corazón, solo quería sentir placer, usar a la reina,
cielo, mitiga, su dolor, la angustia de
corazón, que está lleno de poesía,
Pobre reina de cristal, espera quien la sepa
amar, mientras llora por dentro
espera con ansia el amor, que le devuelva la
ilusión, el alma y la vida al cuerpo
Tu, trasformaste en sonrisas los dolores de tu alma, para que nadie
los note, y siempre tiendes la mano, a quien se acerca a ti a llorar,
ahorque tu corazón va destrozado
Coro
Nunca pensaste, que un simple plebeyo, que un
pobre don nadie, entrara tan dentro y no le latiera el
corazón, solo quería sentir placer, usar a la reina,
cielo, mitiga, su dolor, la angustia de corazón,
que lleno, que está lleno de poesía,
pobre reina del cielo aun vive con el anheló de un amor verdadero…
Tono: En la

Stradivarius 1717 Mi Violín
Poemas a la Pasion y su Saga

Teresita P...
escritora Compos...
y Diseñad...

Te Amo

Mi Amor…Sé Que Me Amas Como Yo Te Amo
Eres Capaz de Llenar del Cielo de Estrellas
en una Noche Obscura

Eres Capaz de Transformar la Vida
Llegar a las Nubes a Diario
Tocarlas, Recorrer Grandes
Distancias Para Amarme y
Entregarme Tu YO y Calmar Mí
Desespero por TI

Con Ese Rose de tu Piel de
Me Convertiste en Presa Fácil
Nunca Imagine que Pudiera AMAR Así
Y Me Pudieras
Transformar en una Esclava

De Tu Pasión
De Tu Amor
De Tu Sinceridad
De Tu Integridad
De Tu Olor
De Tu Noche

Tú ME GUÍAS al Destino Que
Tu Elijas, SOY TUYA y Solo Tuya
Quiero Estar contigo, Porque
Llevo el Sabor de TI en mi Boca

Recorrer TU Piel Beso a Beso
Es lo más Maravilloso, Me Alimenta
Me da Fortaleza, Para Esperarte
Este Deseo TRASPASA LA RAZÓN

Te Necesito Tanto AMOR

Ven a Mí y dame Más de TI
Te Protegeré y Siempre
Estaré Dispuesta a TU AMOR

Te ESTARÉ ESPERÁNDOTE
Desesperadamente, Para poderte
Transmitir al Verte de Nuevo
Besando y conectando

Cada SENTIDO Me Llena y Me Hace
Vibrar y transportarme al TEMPLO
de las Caricias al que Entrando
No hay Forma de DETENERME

Tomándote, Acariciándote, Entregándote
Mis Ganas de SENTIRTE Piel a Piel

Cerré mis Ojos

Toque mi pecho, sentí dolor, cerré mis ojos
Y no te pude alcanzar, para decirte que estaba aquí
si aquí junto a ti, yo quien daría su propia vida por ti,
te amo, te adoro te necesito, te tengo en mi mente,

Te invito para que mitigues, tus penas y aclares tus males
doblegues la ira y calmes tus pesares junto a mí
es el inicio de hermosos, caminos a los que te invito
me acompañes día a día, solo para ver el cielo

Y pedirle a Dios, nos aleje del dolor,
hahahaha mmmm, yo quien, daría su propia vida
por ti te amo, te adoro, te necesito, junto a mí, amor

Mi Gatita Eterna
Poemas la Pasion

Sabes

Algo de ti me atrapo, cuando te vi por primera vez
Sentí, como todo cambio fue tan real, caminaste muy lento
hacia mi poco a poco, me lograste seducir, sentí como el suelo vibró
fue tan real, y sé que tú sabes y sé que tú sientes y sé que tú sabes,
Sabes que me pones mal que me derrito ante tus labios,
no lo puedo evitar no no no tal vez esto no es normal, que
solo en ti puedo pensar, di que te pasa igual, huhohuho,
huhohuhoho, tu cuerpo fue arma mortal caí a tus pies no lo
pude evitar, sentí tu Mirada en mi recorriendo mi piel…
y sé que tú sabes y sé que tú sientes y sé que tú sabes,
Coro
Sabes que me pones mal que me derrito ante tus labios, no lo
puedo evitar no no no tal vez esto no es normal, que solo en ti
puedo pensar di que te pasa igual, huhohuho, huhohuhoho
Dime dime que tu también mueres por mí, que
solos en la obscuridad nos vamos a entregar
Coro
Sabes que me pones mal que me derrito ante tus labios,
no lo puedo evitar no no no tal vez esto no es normal,
que solo en ti puedo pensar, di que te pasa
Coro
Sabes que me pones mal que me derrito ante tus labios,
no lo puedo evitar no no no tal vez esto no es normal, que
solo en ti puedo pensar, di que te pasa igual, hohuhohoho,
huhohohohuh, hohuhuho, hohuhohohuhohohoho
Este Tema Fue Elegido por la Serie Española…
Con Pelos en la Lengua…como Banda SONORA
de la 4ta. Temporada…Canta Jeyb

Sere el Desarrollo
de la Sabiduria
Espiritual

No Quiero Saber

Quiero dejar atrás, por fin nuestra historia, (nuestra historia)
Quiero curar las heridas, que marcaron mi alma, hohoho, extraño
la luz del sol después de haber estado en esta obscuridad
Solo espero encontrar la luz en ti de nuevo, volver amar
Coro
No quiero saber ya nada de ti, no entiendo porque todo fue así,
entiende mi amor yo solo te ame, tu solo jugaste con mi ser
Las palabras se las lleva el viento, lo que queda son los
sentimientos, ya no se qué hacer con lo que siento, tu amor
se quedo muy adentro, y mi corazón no, puede seguir por
eso decide olvidarse de ti, solo te doy las gracias por aquellos
momentos que a pesar de todo siempre serán eternos
Coro
No quiero saber ya nada de ti, no entiendo porque todo fue así,
entiende mi amor yo solo te ame, tu solo jugaste con mi ser
No quiero saber ya nada de ti, no entiendo porque todo fue así,
entiende mi amor yo solo te ame, tu solo jugaste con mi ser
Coro
Entiende mi amor esto copudo ser, me engañaste y no
entiendo porque, esto fue por ti así tuvo que ser
Quisiera saber que te paso porque no estás aquí, ven y
dime que te hice porque no estás junto a mi dime que
hice mal, hooo baby heee, espero, me perdones porque lo
que he hecho mal no vuelve a pasar, no vuelve a pasar
Coro
No quiero saber ya nada de ti, no entiendo porque todo fue así,
entiende mi amor yo solo te ame, tu solo jugaste con mi ser
No quiero saber ya nada de ti, no entiendo porque todo fue
así, entiende mi amor yo solo te ame, y es que yo siempre
te iba a amar haaaaaa, hahahhahaha, hhahahahha

8 de Agosto del 2009

8 de agosto del 2009, fecha histórica pa nación
donde, Demócratas y Republicanos, le dan el voto a
Sonia Soto Mayor, fue el presidente Barak Obama,
que la propuso con gran honor, creada en el
Bronx de Nueva York, junto a su hermano, José Luis Soto Mayor,
Hija de padres portorriqueños, se orgullecieron
de ser su hija la Juez suprema de la Nación, fue la
tercera mujer latina, en la historia de la nación
Coro
Sonia, Sonia Soto Mayor, latina, sigue adelante que
el sueño americano se te cumplió, hayyy jajajay,

Hija de padres portorriqueños, se orgullecieron
de ser su hija la Juez suprema de la Nación, fue la
tercera mujer latina de la historia de la nación
Coro
Sonia, Sonia soto mayor, latina, sigue adelante que el
sueño americano se te cumplió, hayyy jajajay,

Aquí Esta Emilio Válela

Cuídense que aquí esta Emilio Varela, Hajajajajajay
Aquí este Emilio Varela, el amo del
contrabando, me devolvieron la vida
para seguirme vengando, despídanse de este
mundo los que quisieron matarme,
Los que me dieron por muerto, pero Dios fue a levantarme,
A esa maldita Camelia, yo la voy hacer pedazos, así como ella me
quiso, así me dio de balazos, ya me voy pa San Antonio y de ahí
pa san Francisco, con el amor de mi vida y a retirarme del vicio,
Aquí esta Emilio Varela el amo del contrabando, aquí
esta su mero padre para seguirse vengando
Haaaajajay, a esa maldita Camelia yo la voy hacer pedazos, así como
ella me quiso, así me dio de balazos, ya me voy pa san Antonio y de
ahí pa San Francisco, con el amor de mi vida y a retirarme del vicio
Aquí esta Emilio Varela el amo del contrabando, aquí
esta su mero padre para seguirse vengando

Ahora a Mi Me Toco Ser el Buey

Quien de ustedes, conoce de amores, y me
brinda un consejo de amigos
Si esa ingrata me puso los cuernos, ya me trae como pájaro herido
No le daba importancia a los chismes, mis amigos de mise burlaban
Ahora a mi me toco ser el buey, porque
el todo el que la hace la paga

Coro
Te lo pido por dios que no vuelvas, que no vuelvas a darme la cara,
ahora a mi me toco ser el buey, porque todo el que la hace la paga
hayy hayy ahora mi me toco ser el buey ingrata

No le daba importancia a los chismes, mis amigos de mise burlaban
Ahora a mi me toco ser el buey, porque
el todo el que la hace la paga

Coro
Te lo pido por dios que no vuelvas, que no vuelvas a darme la cara,
Ahora a mi me toco ser el buey, porque todo el que la hace la paga

El Cielo

Llegamos al cielo, fluye nuestra pasión, explota el deseo
Y todo cambia de color, las laces se a pagan y comienzo a sentir que
nuestro deseo se convierte en amor, hooo se convierte en amor hoo
Aquí en el cielo todo cambia se Cruzan nuestras miradas, y reflejan
todo lo que hay en nuestro Corazón, eres quien desata, mis locuras
que me llena de ternura y alimenta cada espacio de mi Corazón,
Vivimos nuestra fuerza con poder sin razón, mi alma es
tuya y tu eres mi motor, tu aliento me envuelve y te siento
en mi ser mostrándonos, libres hasta el amanecer
Aquí en el cielo todo cambia se Cruzan nuestras miradas, y reflejan
todo lo que hay en nuestro Corazón, eres quien desata mis locuras
que me llena de ternura y alimenta cada espacio de mi Corazón,
Aquí en el cielo todo cambia se Cruzan nuestras miradas, y
reflejan todo lo que hay en nuestro Corazón, eres quien desatas
mis locuras que me llena de ternura y alimenta cada espacio de
mi Corazón, tu eres la razón de mi vida, eres mi inspiración

Pasión Astral

Bello Resplandor…creo que es un Dios…
Firme en su pensar… incansableeee

Me atrapoooo…en su Universo Amandomeeeee

Pidiéndote…incondicionalmente…ser Tuyaaaaa
me desperté…soñándote…que me llevaba
a tu trono mágico…

Deseo de Nuevo…que me invites…junto a ti…
en ese mundo que permite el pedadooo
Tómame siiii… atréveteeee… entra en mi mundoooo
aléjameeee…porque quiero…sentirte
ese calorrrr…que vibra en tiiii…

Deléitate de toda mi pasión…de una Mortallll…
permitiéndole… pecarrrr…y sin temoooor…entra en miiii…
y llévale a tu Universo…Mágico…

Este deseoooo…Te Necesito…y jamás te alejes de mi…
dame otra vez…esa pasión…que solo siento
cuando me elevas… en tus brazos
con tus alas perfumadas…de Tu Amooorrrr

La Elite del Chapo

Par que todos lo sepan…
siempre he pensado en grande
estas palabras que escuchen
desde pequeño me las digo

Aquel Chapo ya no existe…
porque se ha convertido…en otro de los más grandes
la palabra de un presidente… en cualquier parte del mundo
abre túneles y mares
el túnel de puente grande…me lo debía el gobierno…
sin preguntar…activaron…y así fui ganando terreno…
en elecciones pasadas…Siempre he estado par mi pueblo

Con orgullo están mirando… la dinastía crecer…
ahora soy un Magnate…viajando en submarino…
atravesando fronteras…para expandir mil imperios…
Vivo mi sueño de niño…atesorando Dinero….

Talismán

Me has encontrado
después, de una larga travesía
como el que encuentra un talismán
en una cueva secreta y pérdida

Es mi cuerpo, el pergamino
en el país de lo posible he he
en donde tú y solo tú, al amarme
y estarme transmitiendo

Coro

La Llama, que nos envuelve
y nos llena de pasión
que descarga, cada sentido
uno en uno, en cada de mi piel
hay un calor delirante

Marcándome en ti
para, siempre tuyo
siempre tuyo

Coro

La Llama que nos envuelve
y nos llena de pasión
que descarga, cada sentido
uno en uno, en cada de mi piel
hay un calor, delirante

Marcándome en ti
para, siempre tuyo
siempre, tuyo
solo tuyo hoho

Poema a la Vida

Déjame más tiempo en esta tierra… ahorque duro es el camino…
tú me guías con tu luz…Me das fuerzas para continuar…me elevas
a un grado espiritual…me conectas con lo natural…
Siente el corazón su palpitar…siente el aire en cada respirar…
sé que vivo estoy y sin durar quiero cantar…
Esta vida es lo mejor que hay… es un paraíso terrenal…
es un paraíso terrenal… no hay cosa más grande que el vivir…
disfrutando el aire natural…
Creación perfecta y sin dudar…lo mejor que pueda
existir…hasta siento ganas de reír de felicidad…
Gracias a la vida estoy aquí…gracias a mis padres
y al creador por permitir…que mi historia pueda
continuar y mis sueños puedan realizar
y llegar sin miedo hasta el final…haaa
Siento el Corazón su palpitar…Esta vida es lo
mejor que hay… es un paraíso terrenal…
es un paraíso terrenal… no hay cosa más grande que el vivir…
disfrutando el aire natural…
Creación perfecta y sin dudar…lo mejor que pueda existir…hasta
siento ganas de reír de felicidad…hasta siento ganas de reirrr de
felicidad de felicidad hooohooo de felicidad hahaha de felicidad…

Love loss

Left Me Alone Ripping my heart to you,
I just stick with my sadness, that take my feelings to another
place, stick with the pride, even though they die inside, you
and I will be able to cry, and our memories are always in our
mind, your happiness will never escape from my heart.
I'm here to make you happy,
I'm here to see you smile, lately I have been thinking,
thinking about what we haaaaaaaaaad,
And our memories will always be all on our minds
and your happiness will never escape, from what we
had mmm baby will live only usssss I stole the Heart,
and the memories that brought us together.
Always on your mind and your happiness, hope
you never forget what we always had, if I can make
a better way so you can see a better day
I would I would, if I can take away the pain and put
a smile on your face that would sure make my day.
Woouuoo wooouuoo 3 xs Sure make my day.

No Me Dejes Ir

Como una droga sin darme cuenta
tus besos se volvieron… mi adicción
y sin pensarlo te Deseo… todo el tiempo
eres mi Dulce y Tierna Tentación…
con solo verte… todo en mi se enciende
de Pasión…
Desmedida… por Ti…
Bésame Bésame sin Control
Abrázame fuerte… hazme el Amor…
Grítale al Mundo… que eres para Mí…
Mírame a los ojos y no me dejes ir
No me dejes ir…
Te has vuelto un Peligro…me Enloqueces
eres mi Delirio y casi Prohibido…
y soy presa Fácil de tus Labios de Ti…
de Tus provocaciones
que me Suelen Seducir
Ven Ven a Mi…
no me importa el Mundo.
porque eres para Mí…
y siempre te
Tengo Aquí… en mi Lecho junto a Mí…
Mmmmmmmmmmmmmmm

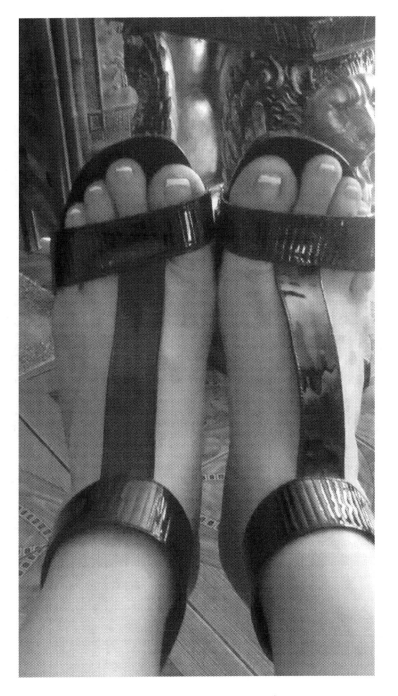

Viajemos por el Tiempo

Abrazo tú Cuerpo y Ciento el Latido
De tu Corazón que Me Invita a detener
El tiempo con mi Cara en tu pecho,
Deteniendo el Tiempo ese Hermoso

Momento que me dice que Escuche el
Cantar de los Pájaros de mi jardín y el
Acariciante Rose de tu mano Tocando
Mi Cara, sabiendo que ese instante,

Cierto es que a tu Lado con tus caricias tiernas
Entregándome Sin Parar Cabalgando en un
Unicornio Blanco y Negro entrando a una Dimensión
Desconocida pero Elemental para Confirmar mi Amor.

Mi Amor por Ti Delirante rejuvenecedor dichoso
Como la Lluvia clara que conecto a mi Pensamiento
Y puedo Saber A dónde nos Lleva.

El Tiempo

Siento como una Luz Brilla en mi mente
Como si mi pasado volviera a nacer
Siento como Llueven las lagrimas de
Tristeza y felicidad…
Me envuelvo en las llamas y viajo
En el Tiempo…
Sonriendo y Sufriendo con Mil Sueños
Me envuelvo en las Llamas y viajo en
El tiempo…mientras me pierdo en mis
Hermosos recuerdos…
Veo Mi Historia… frente a mis Ojos…
Y nada puedo cambiar…
Veo en Mi Interior Todo lo que he
Vivido y no Volverá…
Son Memorias que se guardan en el
Corazón…Alegrías penas cualquier Emoción…

Eras para Mí

Perdida en esta Obscuridad
Pensando en ti. Y no Estas
Y no sé cuando Volverás
Te Necesito Mi Alma para Existir
El Destino Dijo que eras para Mí
Que estaríamos juntos hasta el fin
Y ahora que te perdí
No se vivir sin Ti…
Woohooo Woohoo
Nunca Pensé que Podría acabar
Pero lo terminamos antes de empezar
Antes de comenzar la historia
Que era de los Dos…
Woohooo Woohooo
El destino Dijo que eras para Mi…
Que estaríamos juntos hasta el fin
Y hora que te perdí
No se vivir sin Ti…

Seré Tuya

Toma lo que te Ofrezco
Porque tal vez Mañana
No habrá ocasión…
Pruébame te gustara
No pretendas ser solo
El momento…Yo busco
Vivir…gozosa de las
Mieles de la Vida…
Porque solo hay una
Y jamás volverá… Así
Que Tómame y no me
Dejes ir… Solo Seré Tuya
Quiero que me quieras
Como yo te querré y
Con los instantes Vividos
Me Amaras así como Yo…
Lo hare…solo es Dejarnos
Llevar… y Perdernos en
El Laberinto del AMOR
En donde Vive… Mi Ser
Deseoso de Tu Sabor…
Y tu Olor…Tus Ganas
De Tenerme y Mis Deseos
De Tranquilizar esta PASIÓN
Que me lleva a Ti…

Sentirás Mi Amor

¿Sabes? Ya no.!!! Espero Verte..!! …Porque sé que me Mientes
No quiero más de tu AMOR…me gustas… pero sé que al Tenerte
Has tenido… Otras Caricias y las has recorrido hasta Perderte
No…!!! Quiero Más de Ti… Porque te siento tan Lejos y Distante
Yo te Deseaba… Yo Te Anhelaba…Yoooo… Era Fiel…Pero ahora
No te quiero mas…Sigue tu camino y
busca esos AMORES… Falsos.
Que ni sienten nada por ti… solo serán falsos momentos de entrega
Y no me Tendrás… Porque…!!! No Valoraste
mi AMOR…Fiel y Total… \
En que te Deleitabas y Gozabas sin Medida ni Freno.
Sigue Tú Camino…Que!!!.. Yo seguiré
Buscando al Amante Dedicado\
Solo a Mi… Que solo sienta y lo sienta
Mío solo Mío…sin compartirlo
Con nada ni con Nadie… para saciar mis ansias de AMOR

Proximos Proyectos
con JeyB
Cantante

Vive tu Hoy

La Vida es la Alternancia del día…
El día Sucede a la Noche…
El Buen Tiempo lo Lleva
Yo Creo en Mi Suerte…
Me Alejo de lo Negativo
Aprendo a Crecer…sin
Cambiar… Mi Espíritu
Cancelo Todo lo Negativo
Y continúo Construyendo
Caminando sobre esta Vida…
Con personas… Desconocidas
De Mal Corazón…Ajenas a Mí
Aprecio… a las personas
Cercanas… que son sinceras
De Alma y Espíritu
La Envidia… ¿Qué es?..
Aun no la he conocido!!!! Yo… Pero
Sé… Se genera de Frustraciones
De Fracasos de Reveses
¿Qué? las mismas Personas
Generan en sus pensamientos
Y acciones…sin… Esforzarse…
Criticando….y Lastimando
Lo que no Conocen y Perdiéndose
Como Millones en la Obscuridad
Sin darse Cuenta que la Luz esta
En su Interior solo en la Misma Persona…

Biografía

Empresaria, escritora poeta y compositora adquiere el nombre de Teresita Peláez Venessi, por su fallecido esposo, y por su apellido de origen italiano.

Con un sólido arraigo en Mexicali, Baja California, Teresita nace en Italia, en 1963. A los cuatro años de edad es adoptada por una conocida familia, en la Ciudad de Mexicali. Su matrimonio con un ciudadano estadounidense le da la Triple ciudadanía, le ha permitido incursionar en varios países, al igual que muchos empresarios de la frontera.

Teresita es Licenciada en Administración de Empresas, por la Universidad Autónoma de Baja California. Su carrera universitaria, la estudió al mismo tiempo que desarrollaba su trabajo en la Aduana de Mexicali. Actualmente cuenta con dos maestrías, Marketing, la ciudad de Italia y, la segunda, en Recursos Humanos por la Universidad de Toledo, en España., revalidando parte de su carrera en San Diego State University.

Primer Poeta en el Mundo…con sus fotos y sus Propios Diseños de Lencería en sus Libros de Poemas a la Pasión….de venta en todo el mundo por Amazon y todas las Librerías Virtuales del Mundo

Palibrio…casa Editorial…Su incursión en la poesía y en la literatura, la realizó de forma instintiva, autodidacta. Teresita siempre le ha interesado la actividad artística y cultural. Se considera a sí misma, buena lectora. Escribir sobre el amor, la autora ejemplo de vivencias personales, comparte con sus lectores, motivándolos a seguir creyendo en este sentimiento universal. Ha desarrollado una saga literaria, con los poemarios a la pasión a la figura de la mujer de su tiempo. Se destaca que, Teresita, acompaña sus poemarios con sus fotografías de cuerpo entero de la autora, y sus poemas siendo la primera poeta con fotos en sus libros habla de una gran seguridad en sí misma, motivo inspiracional para muchas mujeres como ella, decididas a alcanzar grandes objetivos en sus vidas.

La labor altruista de Teresita, apoyando a la juventud Bajacaliforniana, se desarrollo desde hace más de una década, Club de Leones Mexicali Centinela y, Fundación BUT (Business Universe & Technology) fundacionbut.org y Green Seed Harvesting, Co....que ella fundo, el 30% de las ventas es destinado a la Fundación, que provee a los estudiantes de secundaria del Valle de Mexicali, donando computadoras, nuevas y usadas para su desarrollo y complemento académico.

En fechas próximas, Teresita tratará de conquistar con sus poemas a la Ciudad de México, en gira por diferentes foros, centros culturales, académicos en donde se dará a conocer su "saga a la Pasión".

También, es Autora Registrada de una de las disqueras más grandes de México, D.F., http://www.westwoodpublishing.com.mx/index.php, y envía sus Poemas hechos canciones, muy pronto estaremos escuchando sus Poemas en las voces de grandes artistas de fama internacional., TELEVISA.COM

Próximamente Serie Española de Con Pelos en la Lengua... será banda Sonora el Tema Sabes"

Diseñadora de su propia lencería Teresita Peláez Venessi Escritora Poeta y Compositora, de la Saga de Poemas a la Pasión, misma que dona a las mujeres, del Valle de Mexicali, proporcionándoles maquinas de coser para que tengan un sustento digno, y aprendan un Oficio, www.fundacionbut.org y los Diputados locales, ayudan en esta labor, benéfica apoya a miles de mujeres, Próximamente saldrá a la venta otro de sus Libros El Empoderamiento de la Mujer, El Poder de la Mente, Cuentos Mágicos...donándolo a él, Valle de Mexicali y su Puerto.